OBSERVATIONS

SUR LA FORMULE

« CAR TEL EST NOTRE PLAISIR »

DANS LA CHANCELLERIE FRANÇAISE

PAR

GABRIEL DEMANTE

PROFESSEUR HONORAIRE A LA FACULTÉ DE DROIT DE PARIS
ARCHIVISTE PALÉOGRAPHE

Extrait de la *Bibliothèque de l'École des chartes*,
Année 1893, t. LIV.

PARIS

ALPHONSE PICARD ET FILS, ÉDITEURS

LIBRAIRES DES ARCHIVES NATIONALES ET DE LA SOCIÉTÉ DE L'ÉCOLE DES CHARTES
RUE BONAPARTE, 82
1893

OBSERVATIONS

SUR LA FORMULE

« CAR TEL EST NOTRE PLAISIR »

DANS LA CHANCELLERIE FRANÇAISE

PAR

GABRIEL DEMANTE

PROFESSEUR HONORAIRE A LA FACULTÉ DE DROIT DE PARIS
ARCHIVISTE PALÉOGRAPHE

Extrait de la *Bibliothèque de l'École des chartes,*
Année 1893, t. LIV.

PARIS

ALPHONSE PICARD ET FILS, ÉDITEURS

LIBRAIRES DES ARCHIVES NATIONALES ET DE LA SOCIÉTÉ DE L'ÉCOLE DES CHARTES
RUE BONAPARTE, 82

1893

OBSERVATIONS

SUR LA FORMULE

« CAR TEL EST NOTRE PLAISIR »

DANS LA CHANCELLERIE FRANÇAISE.

Dans une courte et substantielle dissertation[1], notre confrère M. Louis de Mas Latrie a démontré que la formule employée dans la plupart des Édits ou Lettres royaux est ainsi conçue : « Car tel est notre plaisir, » ou, suivant une rédaction absolument synonyme : « Car ainsi nous plaist il être fait. »

« Je n'ignore pas, » ajoute notre savant confrère (*loco citato*), « que beaucoup de lettres patentes d'anoblissement et autres « lettres patentes, des ordonnances et des édits, même, ont été « imprimés par des biographes, des généalogistes et autres éru- « dits avec la formule du *Bon plaisir*. Mais je récuse absolu- « ment tous ces documents sans exception. Je les tiens tous pour « fautifs et erronés en ce point. Pas un de ceux que j'ai pu véri- « fier sur l'original n'est sorti avantageusement de l'épreuve du « collationnement. Tous ont un vice à cet endroit dans les clauses « finales, et j'en ai vu qui ont été livrés à l'impression par les « savants les plus autorisés et les plus scrupuleux. Soit inatten- « tion momentanée, soit empire d'une idée préconçue, ils ont « écrit, eux ou leurs secrétaires, *Car tel est notre* BON *plaisir,* « quand l'original porte manifestement : *Car tel est notre* « *plaisir,* ou, très exceptionnellement, l'abréviation : *Car tel* « *est, etc.* »

Cette modification abusive de la formule officielle n'a pas été

1. *Bibliothèque de l'École des chartes*, t. XLII, 1881.

aperçue par les auteurs de l'*Art de vérifier les dates,* disant (page 640 du tome Ier de la 3e édition) : « François Ier[1] est l'au-« teur de la formule : *Car tel est notre* BON *plaisir,* qui s'em-« ploie dans la plupart des Édits ou Lettres royaux. »

Avec cette rédaction, devenue courante, la formule a passé dans la chancellerie impériale de Napoléon Ier.

La Restauration l'a conservée.

Pour décrier l'ancien régime, on l'a qualifié *régime du* BON *plaisir.* Or, l'ancien régime n'a jamais employé la formule ainsi faite !

Ce détail est piquant.

Napoléon Ier, curieux observateur de l'étiquette ancienne[2], altérait le style de la chancellerie royale en croyant le copier[3].

« La Restauration, » ajoute M. de Mas Latrie, « n'eut garde « d'abandonner la formule (*Car tel est notre* BON *plaisir*), sans « soupçonner peut-être l'innovation, dont la chancellerie impé-« riale elle-même n'avait pas eu davantage, croyons-nous, « conscience.

« Mal lui en prit. Sur ce thème, on l'a criblée de lardons qui « ont fini par lui faire perdre la tête.

« En bonne justice, il eût fallu viser plus loin et plus juste. « Mais on eût blessé le héros, alors si populaire. »

Telle est la conclusion de notre éminent confrère.

M. de Mas Latrie part de cette idée qu'une différence profonde existe dans la lettre et la portée de ces deux formules : *Car tel est notre plaisir* et *Car tel est notre* BON *plaisir.*

---

1. Même, suivant les recherches de M. de Mas Latrie : « Le roi Charles VIII, « dont une ordonnance du 12 mai 1497 porte ces mots : *Car tel est nostre plai-« sir,* serait peut-être l'auteur de cette formule célèbre dont je n'ai pas trouvé « d'exemples avant son règne. »

2. Suivant un détail touchant de l'étiquette ancienne, dans les voitures de gala, quand la reine était enceinte, elle prenait la droite sur le roi. Napo-léon Ier n'a eu garde de manquer à cet usage, et, dans ma jeunesse, un con-temporain de Napoléon Ier m'a dit avoir appris ainsi la grossesse de l'impéra-trice Marie-Louise.

3. Dans ses lettres autographes adressées au pape, Louis XIV terminait habi-tuellement ainsi : *Sur ce, nous prions Dieu qu'il vous conserve, très-saint Père, longues années au régime et gouvernement de notre mère sainte Église.*

Votre dévot fils,

LOUIS.

(V. *Histoire du pape Pie VII, par le chevalier Artaud.* Paris, A. Le Clère, 1839. 3e édit. 3 vol. in-12. T. II, p. 113.) Mais Louis XIV variait parfois cette for-mule. Dans la correspondance de Napoléon Ier, elle est comme stéréotypée.

« *Plaisir,* » dit-il très bien, « a simplement le sens de volonté,
« car le mot *plaire,* dans cette locution : *Vous plaît-il de venir*
« *ici?* signifie : *Voulez-vous venir ici?* »

Au contraire, « la formule : *Car tel est notre* BON *plaisir,*
« formule blessante et justement décriée, implique une idée cho-
« quante de caprice et de pur arbitraire. »

J'admets la première de ces propositions. Je nie la seconde.

Sur la première, je présenterai quelques observations complé-
mentaires et confirmatives, tirées des textes du Droit romain,
des Actes des Apôtres, du Droit coutumier et du style de la Procédure moderne.

Relativement à la seconde, je hasarderai une explication contraire à la thèse de M. de Mas Latrie.

PREMIÈRE PROPOSITION.

OBSERVATIONS COMPLÉMENTAIRES SUR LA FORMULE :
« CAR TEL EST NOTRE *PLAISIR.* »

I.

DROIT ROMAIN.

Plaisir est la traduction française du mot latin *Placitum,*
lequel est le participe passif pris substantivement du verbe *Placere.*

Placitum, c'est ce qui a plu, ce que l'on a décidé, en termes
d'école la *volition,* ou, si on l'aime mieux, le *vouloir*[1].

Quand une même chose a plu à deux ou plusieurs personnes,
il y a pacte ou convention, c'est-à-dire, suivant la définition
courante : *Duorum pluriumve in idem* PLACITUM *consensus*
(l. 1, § 2 au Digeste, *de Pactis,* II, 14).

Souvent, par abréviation, *Placitum* c'est la convention elle-
même[2].

Loin que le mot *Placitum* signifie un acte de volonté capri-
cieux et atrabilaire, tout au contraire, pour indiquer une déduc-
tion de l'équité naturelle, par exemple quant aux fruits perçus

1. Ces deux mots, *volition* et *vouloir,* pris substantivement, sont admis dans
le Dictionnaire de l'Académie (6ᵉ édition).

2. Voir les textes cités, vᵒ *Placitum,* par Dirksen, *Manuale latinitatis fon-
tium juris civilis Romanorum.* Berlin, Duncker et Humblot, 1837, in-4ᵒ.

par un possesseur de bonne foi, il est dit : *Naturali ratione* PLACUIT *fructus quos percepit ejus esse,* etc. (Just., Instit., *de Divisione rerum,* II, 1.)

Toujours dans le même sens, le verbe *Placere* est appliqué aux décisions publiques : *Legum placita* (Vatic. fragm., § 282); *Placere* (Senatui) (l. 20, § 6 *de Hered. petit.,* Dig. V, 3); et avec les redondances usitées dans les derniers siècles de l'empire : *Sancimus, Decernimus, Volumus,* PLACET. (Code Théodosien, VIII, 12, loi 3, et XVI, 10, loi 4.)

Enfin, dans les acclamations tumultueuses qui sont les délibérations de cette époque, on lit : *Acclamatum est : Æquum est,* PLACET, PLACET. (*Gesta in Senatu de Codice Theodosiano recipiendo.*)

Placere, c'est aussi parfois l'opinion individuelle d'un jurisconsulte. Papinien dit (l. 6, § 1er, Dig., *de Servis exportandis,* XVIII, 7) : ... *Nobis aliquando* PLACEBAT... *Sed in contrarium me vocat Sabini sententia*[1].

II.

ACTES DES APÔTRES.

Dans les Actes des apôtres (chap. XV, versets 22 et 25), à propos du concile apostolique de Jérusalem, il est dit : PLACUIT *apostolis et senioribus cum omni Ecclesia, eligere viros ex eis...* PLACUIT *nobis collectis in unum, eligere viros et mittere ad vos,* etc. Là il s'agit d'un acte de la volonté propre des pères du concile.

Quand il s'agit d'une définition de foi ou d'un point de discipline générale, comme était cette question vitale pour l'Église naissante : les chrétiens seront-ils astreints à toutes les observances de la loi mosaïque ? alors la formule change (Ibid., verset 28) : VISUM EST *Spiritui Sancto, et nobis, nihil ultra imponere vobis oneris quam hæc necessaria,* etc. « Avec le Saint-Esprit nous voyons, nous déclarons, nous défi-« nissons. » Et, en effet, l'Église catholique ne fabrique pas de *nouveaux dogmes,* comme disent légèrement les gens du

---

1. Dans les débats de l'arrêt des Chambres réunies de la Cour de cassation du 16 janvier 1858, le procureur général Dupin a courtoisement fait l'application de ce texte au premier président Troplong, dont il combattait l'opinion.

monde. Par voie d'interprétation, elle déclare et définit ce qui a
été, ce qui est, ce qui sera jusqu'à la fin des siècles, *quod heri,
quod hodie, quod in sæcula.*

III.

ANCIEN DROIT COUTUMIER.

Le mot *Placitum* se trouve au moyen âge pour désigner les
droits seigneuriaux de *relief* et de *rachat*. Le glossaire de
Ragueau et Laurière[1] (v° PLAIT *de mortemain; plait à mercy;
plait conventionnel; plait accoutumé,* etc.) dit à ce propos :
« On a remarqué en plusieurs endroits qu'anciennement les
« fiefs étoient réunis de plein droit à la table des Seigneurs domi-
« nants par le decez des vassaux, dont les heritiers collateraux
« ne pouvoient rentrer dans ces fiefs qu'en les rachetant, ou les
« *relevant* des Seigneurs, à qui ils payoient un droit, qui fut
« nommé par cette raison *rachat* ou *relief.*
« Ce droit étoit établi en France en 1141, ce que nous appre-
« nons des mots suivans d'une Notice de Gossen, Évêque de Sois-
« sons, où il explique de quelle manière Yves de Nesle succeda
« à Renault le Lepreux au comté de Soissons : *Sed quoniam in
« regno Francorum moris et juris est quatenus ad heredi-
« tatem ex* caduco *venientem nullus accedat,* nisi prius ad
« arbitrium *domini de cujus feudo descendit* PLACITUM *fece-
« rit, multa prece et supplicatione nos rogavit quod singu-
« lis annis ego et successores mei Episcopi in perpetuum,
« in reditibus comitatus in quibuscumque nobis* PLACUERIT
« *sexaginta libras Suessionis currentis monetæ accipere-
« mus decemque modios salis,* etc. »
« Ce que l'Évêque Gossen appelle *Placitum* dans cette Notice,
« n'étoit autre chose que le relief ou rachat qu'on appeloit alors
« *Placitum*, parce que, n'étant pas reglé, il dépendoit à la
« rigueur de la volonté des Seigneurs dominans. Ce qui paroit
« par les paroles qui suivent de la Charte d'Yves de Nesle faite

---

1. « *Glossaire du droit françois...* Donné cy-devant au public sous le nom
« *d'Indice des droits royaux et seigneuriaux,* par M. François Ragueau...
« Revû, corrigé, augmenté de mots et de notes et remis dans un meilleur
« ordre par M. Eusèbe de Laurière. Paris, 1704, 2 vol. in-4°. »

« au même sujet en 1147, environ six années après la Notice de
« Gossen : *Quia vero in regno Francie consuetudinis et*
« *juris est, ut quicumque ad hereditatem venit ex casura,*
« PLACITUM *domino faciat de cujus feodo casamentum*
« *movet : rogavi supra dictum dominum meum Episco-*
« *pum,* UT PRO PLACITO SUO *de reditibus comitatus qui de eo*
« *movebat, singulis annis, ipse et successores ejus in per-*
« *petuum acciperent,* etc. Et de là vient qu'en quelques lieux
« les reliefs ou rachats, quoique reglez ou fixez, sont nommés
« *relevaisons à* PLAISIR *et* PLAITS *à mercy,* id est AD MISERICOR-
« DIAM... Et, parce que tous les reliefs étoient le plus souvent dus
« à *mutation de main* par mort, ils furent nommez plaits de
« *mortemain.* Et enfin tout rachat a été ainsi nommé sans dis-
« tinction de mutation. Voyez Galland dans son *Traité du*
« *Franc-Aleu,* page 71. »

<h2 style="text-align:center">IV.</h2>

COUTUME DE PARIS ; DERNIÈRE RÉDACTION.

La Coutume de Paris porte (art. 225) : « Le mari est seigneur
« des meubles et conquêts immeubles... En telle maniere qu'il les
« peut vendre, aliéner ou hypothéquer... *à son plaisir* et
« volonté[1], etc. »

Pothier, avec sa bonhomie, commente ainsi ce principe (*Com-*
munauté, n° 470) : « Le mari peut, à son gré, perdre les biens
« de la communauté, sans en être comptable : il peut laisser périr,
« par la prescription, les biens qui dépendent de sa communauté,
« dégrader les héritages, briser les meubles, tuer par brutalité
« ses chevaux et autres animaux dépendans de la communauté,
« sans être comptable à sa femme de toutes ces choses. »

Dans ce chef-d'œuvre, imposé jadis aux élèves des Facultés de
droit, et qu'on appelait la *Thèse pour la licence,* j'ai parfois lu
et pourchassé la proposition suivante : Les biens de la communauté, le mari en peut tellement disposer qu'il les peut employer
même *à ses plaisirs.* La chose est vraie malheureusement; mais
jamais texte de Loi, d'Ordonnance ou de Coutume n'a consacré

---

1. Même disposition dans l'art. 193 de la Coutume d'Orléans et dans plusieurs autres.

ce résultat. Si, dans cette proposition malencontreuse, on voulait trouver comme un vague ressouvenir du texte précité de la Coutume de Paris, ce serait alors un grossier contresens. Ce contresens, je n'ai garde de l'imputer même à l'inexpérience d'un apprenti jurisconsulte.

V.

STYLE DE LA PROCÉDURE MODERNE.

Il n'est pas hors de propos d'observer que, dans le style de la Procédure moderne, les conclusions des plaideurs sont ainsi libellées : « *Plaise* au tribunal, etc. » Et, s'il s'agit d'une requête : « ... Requiert qu'il vous *plaise*, Monsieur le Président, » ou « Messieurs les Président et Juges, etc. »

De là est venu le mot français *placet,* quelquefois synonyme du mot *pétition,* mais qui, dans son acception technique, désigne l'acte contenant les conclusions de la partie qui suit l'audience.

DEUXIÈME PROPOSITION.

EXPLICATION CONJECTURALE DE LA FORMULE :
CAR TEL EST NOTRE BON PLAISIR.

Comment expliquer l'intrusion subreptice de l'adjectif BON, dans le langage vulgaire d'abord et, de là, d'une façon inconsciente, dans la chancellerie du premier Empire et de la Restauration ?

Le langage a ses caprices, et toute explication à cet égard est conjecturale.

Donc, je conjecture que l'adjectif BON a été inséré dans la formule ancienne par euphémisme. Dans la conversation, *voulez-vous* BIEN ? n'est-ce pas moins acerbe, plus poli que tout court : *voulez-vous?* De même, quand le roi disait : « Obéissez, *car tel* « *est notre plaisir,* » c'était une atténuation de dire : *notre plaisir,* c'est-à-dire notre vouloir, est *bon.*

C'est quelque chose comme pour la taille. Les Coutumes disaient : « Le serf est taillable *à volonté* »; et les commentateurs ajoutaient : « Savoir *à volonté* RAISONNABLE. »

Ainsi, sur la deuxième proposition de M. de Mas Latrie, j'arrive à une conclusion inverse de la sienne. Mais, quoique par des motifs différents, de cette excursion philologique j'arrive à tirer une morale identique à celle de mon savant confrère.

Les mots ont une grande puissance pour passionner les masses, et l'on pourrait faire toute une histoire des préjugés alimentés par un contresens[1]. Mais, pour ne pas sortir de notre sujet, de la formule altérée on a tiré la locution courante : *Régime du bon plaisir*. Et cette locution, introduite à mon avis par euphémisme et atténuation, est arrivée à « impliquer une idée choquante de « caprice et de pur arbitraire. » (M. de Mas Latrie *ubi suprà*.)

J'ai combattu à armes courtoises, je l'espère, un des points de la dissertation de M. de Mas Latrie. Mais je ne veux pas finir sans remercier mon cher confrère et ami, dans une matière d'apparence aussi aride, d'avoir revêtu son sujet de tant de science et d'agrément.

Gabriel DEMANTE.

Post-scriptum. L'article qui précède était déjà adressé à l'impression, lorsque j'ai reçu de notre confrère M. Léopold Delisle la copie de documents relatifs à notre sujet. *Mon siège est fait !* Mais, plus heureux que l'abbé de Vertot, j'accueille très volontiers ces documents, car ils confirment ma thèse et autorisent mon hypothèse.

I. *Accord entre Charles, comte d'Alençon, et Philippe, comte de Valois, son frère, pour la succession de leurs parents* (3 avril 1326).

Nous Charles dessus dit..., voullons, consentons et requerons expressement et de nostre bon plaisir que du tout en tout, sans contradiction, empeschement ou debat, nostre dit cher seigneur et frère Philippe, conte de Valloys, nous pourvoye de telle succession, division ou partie... comme il lui plaira...

(Documents sur la province du Perche, publiés par le vicomte de Romanet et H. Tournoüer. Avril 1892, 8e fascicule, 3e série, p. 80.)

II. *Projet de convocation des états généraux à Poitiers* (vers le mois de novembre 1427).

Et pour ce que seroit grant illusion à la chose publique, et irrision

---

1. J'ai touché un de ces points dans ma dissertation sur la *Définition légale de la qualité de citoyen*. (Extrait de la *Revue critique de législation et de jurisprudence*. Paris, Cotillon, 1869, in-8°.)

à si haulte et si sollempnée assemblée, si la concluision faite par leur
deliberation, advis et conseil n'estoit fermement gardée pour le temps
qu'il sera advisé par le bon plaisir du roy...

(Musée des Archives de l'Empire, p. 260.)

III. Requête adressée à Louis XI, en 1461, par Richard, évêque de Coutances.

Premièrement que avant son partement pour aller à Romme,
auquel lieu il l'envoie pour le present, il lui plaise de sa grace lui
dire et declarer son bon plaisir et vouloir, savoir si, après l'obbeis-
sance faicte à nostre saint pere et les points de l'ambaxade expediez,
si son bon plaisir est que le dit evesque face residence en court de
Romme...

Item si le bon vouloir du roy estoit que le dit evesque demourast
par aucun temps en court de Romme, qu'il lui plaise le garder, main-
tenir et continuer en l'estat et office que de sa grace il lui a pleu lui
donner...

Item et qu'il plaise au roy... ordonner aucune somme d'argent
pour ceste presente ambaxade au dit evesque, selon son bon plaisir,
affin qu'il puisse plus honnorablement, et à l'onneur du roy, sup-
porter les charges de la dite ambaxade et son estat.

(Original relié dans le ms. latin 17025 de la Bibl. nat., 2e partie, fol. 157.)

IV. Lettres de Jacques Galéot à Louis XI, publiée par M. Perret, dans la Bibliothèque de l'École des chartes (1891, p. 599) :

Sire, je vous supplie très humblement que vostre bon plaisier soit
donner audience au present porteur...

V. Lettre de Voltaire, relative à l'édit du 13 sept. 1774 sur le commerce des grains :

On n'avoit point encore eu d'édits dans lesquels le souverain dai-
gnât enseigner son peuple... La substance de presque tous les ordres
émanés du trône était contenue dans ces mots : « Car tel est notre bon
plaisir. »

VI. Dans une analyse des Mémoires de Pierre Mangon, vicomte de Valognes[1], M. Léopold Delisle avait dit précédemment (loc. cit., p. 13-15) :

« Parmi les aveux que Pierre Mangon a recueillis, j'en ai remarqué

1. Saint-Lô, impr. F. Le Tual, 1891, in-8°, 32 p. (Extrait de l'Annuaire du
département de la Manche.)

un dont la première ligne renferme une formule digne d'être mise en relief :

« Suivant LE BON PLAISIR DU ROY nostre sire, André Hébert, escuyer,
« tient un fief nommé le fief de Thiboville, au droit du conquest qu'il
« a fait d'iceluy de noble homme François de Crux, sieur du lieu, et
« de demoiselle Jeanne de Belleval, son épouse[1], etc. »

« Cet aveu est du 20 mars 1540 (n. st.). Il n'est donc pas douteux que la locution *le bon plaisir du roi* ait été connue et employée dès le temps de François Ier, et s'il n'est pas établi que ce roi et ses successeurs aient ordinairement fait insérer la phrase « Car tel est « notre bon plaisir » à la fin des actes émanés de leur chancellerie, on ne saurait contester, comme on l'a fait il y a quelques années[2], que l'expression *le bon plaisir du roi* était dès lors en usage, et sur ce point Sully ne devait pas être très loin de la vérité quand il disait que François Ier « laissa en instruction et en pratique à ses successeurs de « ne requérir plus le consentement des peuples pour obtenir des secours « et assistance d'eux, ains de les ordonner de pleine puissance et auto- « rité royale, sans alléguer autre cause ni raison que celle de *Tel est « notre bon plaisir*[3]. »

« L'emploi des mots *le bon plaisir du roi* est même antérieur au règne de François Ier. On les trouve déjà au temps de Louis XI. Une lettre adressée, le 19 décembre 1474, par l'évêque d'Aire à Pierre d'Oriolle, chancelier de France, renferme ces deux phrases : « Si le « bon plaisir du roy estoit de leur octroyer... J'en escrips au roy « affin qu'il lui plaise de nous en mander son bon plaisir. » L'original même de cette lettre est à la Bibliothèque nationale, dans le ms. français 2811, fol. 174.

« Au lieu de nier l'existence de cette formule, n'aurait-il pas mieux valu montrer que, dans la langue de nos aïeux, *bon plaisir* était synonyme de *plaisir*, et signifiait, non pas *caprice*, mais simplement *volonté* ? À l'appui de cette explication, ne pourrait-on pas invoquer

---

1. Ms. 1400 de Grenoble, partie II, fol. 193.

2. *Bibliothèque de l'École des chartes*, 1881, p. 560-564. Il serait même possible qu'on rencontrât des exemples de la formule. On trouve en toutes lettres *Car tel est notre bon plaisir* dans un privilège obtenu le 22 février 1719 par Guillaume Gruchet, imprimeur et libraire au Hâvre de Grâce. Je cite ce texte d'après l'édition qui s'en trouve en tête d'un journal de navigation de S. Lecordier. (Bibl. nat., in-8°, V. 8702.)

3. Sully, *Mémoires* (Amst., 1725, in-12), t. VIII, p. 455. C'est à Sully que les auteurs de la troisième édition de l'*Art de vérifier les dates* ont emprunté ce qu'ils ont dit de la formule « Car tel est notre bon plaisir. »

le témoignage de Diderot[1], au sentiment duquel « *Faites ce que je* « *vous dis, car tel est mon bon plaisir,* aurait été la phrase la plus « méprisante qu'un monarque ait pu adresser à ses sujets, si ce n'eût « pas été une vieille formule de l'aristocratie » ? *Le bon plaisir du roi* était une locution courante dans la société du xviie siècle; elle ne choquait personne en France, pas même les parlementaires, qui se faisaient un point d'honneur d'allier au plus absolu dévouement à la royauté le plus scrupuleux souci des prérogatives de leurs compagnies et des privilèges de leurs villes ou de leurs provinces. C'est ainsi que Peiresc, dans une lettre adressée au chancelier, le 29 juillet 1636, tenait ce langage : « Au lieu que c'estoit du roy principale- « ment, et après de moy, soubs le bon plaisir de Sa Majesté, qu'il « devoit tenir cette grâce[2]... »

Parmi ces documents, jusqu'à plus ample informé, M. de Mas Latrie peut récuser tous ceux qui n'ont pas été collationnés sur le manuscrit. Il a démontré avec quelle facilité le qualificatif Bon s'insinuait abusivement sous la plume *des savants les plus autorisés et les plus scrupuleux.*

Quant à la requête de l'évêque de Coutances (1461), la lettre de l'évêque d'Aire au chancelier Pierre d'Oriolle (1474), la lettre de Jacques Galéot à Louis XI, l'aveu d'André Hébert et la lettre de Peiresc au chancelier (1636), j'y trouve un appui pour mon hypothèse. Ce sont d'obéissants sujets ou de très humbles solliciteurs qui parlent, et, en qualifiant de bon le *plaisir du roy,* ils sacrifient à une idée de soumission et d'euphémisme.

G. D.

1. *Essai sur les règnes de Claude et de Néron,* t. II, § 36, dans l'édition des Œuvres de Diderot, publiée par Assezat, t. III, p. 264.

2. Lettre originale conservée à la Bibliothèque nationale, collection Dupuy, vol. 718, fol. 277 v°.

Extrait de la *Bibliothèque de l'École des chartes,* tome LIV, 1893.

Nogent-le-Rotrou, imprimerie Daupeley-Gouverneur.

Nogent-le-Rotrou, imprimerie DAUPELEY-GOUVERNEUR.